Hallo, Ihr Lieben,

gesunde Ernährung und Süßigkeiten passen nicht zusammen? Und ob! Viele glauben, dass man komplett auf Süßes verzichten muss, wenn man abnehmen möchte. Und genau das führt oft zum Scheitern. Denn wir Frauen sind wahre Naschkatzen. Die meisten von uns können sich ihr Leben ohne Süßes nicht vorstellen.

Ich werde Euch beweisen, dass gesunde Süßigkeiten mindestens genauso gut schmecken wie die industriellen Varianten. Ja, wir können und dürfen naschen, ohne dabei ein schlechtes Gewissen zu haben!

Ich habe in diesem Buch meine Lieblingsrezepte für Euch zusammengefasst. Sie sind alle sehr einfach zubereitet, ohne extravagante Zutaten, und sie schmecken der ganzen Familie.

Lasst Euch von meinen Rezepten inspirieren und „versüßen„. Nascht Euch fit!

Eure Diana

Süßungsmittel:
Heutzutage gibt es viele Alternativen zum industriellen Zucker und sehr verschiedene Meinungen zu diesem Thema. Daher ist es jedem selbst überlassen, mit welchem Produkt man süßen möchte und was man für das Richtige hält.
Alternativen zum industriellen Zucker sind:
- Kokosblütenzucker
- Agavendicksaft
- Süßstoff
- Xucker
- Honig
- Flavdrops

Folgt mir auch auf  @thefitmomdiana  dianadelic_ the fit mom

Inhalt

Bananen-Softeis	4
Obstkuchen ohne Mehl	5
Skyr-Nachtisch mit Früchten	6
Knödelchen	7
Quark mit Nüssen und Pflaumen	8
Erdbeereis mit Mandeln	9
Haferflocken-Kokos-Pancakes	10
Fruchtige Haferflocken-Cookies	11
Himbeer-Quark-Auflauf	12
Kokosmakronen	13
Skyr-Ananas-Dessert	14
Himbeer-Chia-Marmelade	15
Himbeer-Muffins	16
Milchschnitte	17
Bananen-Nuss-Quark	18
Knäckebrot mit Banane	19
Papaya-Chia-Quark	20
Bananen-Cupcakes	21
Proteinriegel	22
Apfelküsschen	23
Spinat-Smoothie	24
Frucht-Smoothie	25
Erdnuss-Brownie	26
Bananen-Pancakes	27
Tassenkuchen	28
Kokos-Riegel	29
Blintchiki	30
Selbst gemachte Schokocreme	31
Low-Carb-Cupcakes	32
Low-Carb-Zebra-Käsekuchen	34
Low-Carb-Käsekuchen	35
Eis-Erdbeeren	36
Schoko-Pancakes	37
Avocado-Käsekuchen	38
Schokoladen-Bananen-Muffins	40
Bananen-Heidelbeer-Muffins	43
Protein-Kokosbällchen	44
Bananen-Pops	46
Schoko-Cookies	47
Haselnuss-Bällchen	48
Raum für eigene Rezepte	50
Impressum	72

Bananen-Softeis

Zutaten:

- 2 reife Bananen

Zubereitung:

1. Bananen in dünne Scheiben schneiden und in einen Gefrierbeutel legen
2. Über Nacht ins Gefrierfach legen
3. Gefrorene Bananenscheiben in einem starken Küchengerät pürieren und sofort servieren

Obstkuchen ohne Mehl

Zutaten:

- 3 reife Bananen
- 2 Tassen TK-Beeren
- 2 Tassen Cashews
- 2 Tassen Datteln
- 1 Orange

Zubereitung:

1. Bananen und Beeren glatt mixen
2. Die Masse in der Backform verteilen
3. Restliche Zutaten mit einem Mixer zerkleinern, glatt mixen und auf der Bananen-Beeren-Masse verteilen
4. Für mind. 4 Stunden (besser über Nacht) in das Gefrierfach stellen und dann genießen

Skyr-Nachtisch mit Früchten

Zutaten:

- 150–200 g Skyr
- 1 Handvoll Beeren nach Wahl
- 20 g Goji-Beeren (oder andere Trockenfrüchte)
- Pfirsisch (oder anderes Obst)
- Süßungsmittel nach Wahl (z. B. Aromatropfen)

Zubereitung:

1. Alle Zutaten miteinander vermengen und genießen

Geheimtipp!

Knödelchen

Zutaten:

- 250 g Magerquark
- 150 g gemahlene Haferflocken
- 100 g Maisgries
- 2 Eier
- etwas Süßungsmittel

Zubereitung:

1. Alle Zutaten miteinander vermengen und 30 Minuten ziehen lassen
2. Mit nassen Händen Knödelchen formen und mit Erdbeeren füllen
3. In gesalzenem und kochendem Wasser ca. 10 Minuten köcheln lassen
4. Heiße Knödelchen in gemahlenen Mandeln und/oder Kokosraspel wälzen und abkühlen lassen

Quark mit Nüssen und Pflaumen

Zutaten:

- 200 g Magerquark (oder Skyr)
- 3 getrocknete Pflaumen
- 3 EL Crunchy-Dinkel-Flakes
- 2–3 Walnüsse
- etwas Zimt
- etwas Süßungsmittel nach Wahl

Zubereitung:

1. Alle Zutaten miteinander vermengen und genießen

Mmmhhh

Erdbeereis mit Mandeln

Zutaten:

- 200 g TK-Erdbeeren
- 1 Handvoll gehackte Mandeln

Zubereitung:

- Erdbeeren in einem leistungsstarken Mixer pürieren
- Mit Mandeln bestreuen

Haferflocken-Kokos-Pancakes

LECKER

Zutaten:

- 100 g Haferflocken
- 100 g Kokosmehl
- 1 Ei
- 400–500 ml Milch
- ½ TL Backpulver
- 1 Prise Salz und etwas Süßungsmittel nach Wahl

Zubereitung:

1. Alle Zutaten miteinander in einem Mixer vermengen
2. In einer Pfanne etwas Öl (z. B. Kokosöl) stark erhitzen
3. Wenn das Öl heiß genug ist, Herd auf mittlere Stufe stellen und die Pancakes von beiden Seiten ca. 2 bis 3 Minuten unter einem Deckel braten

Fruchtige Haferflocken-Cookies

Zutaten:

- 2 Bananen
- 80 g Trockenobst (z. B. Pflaumen, Aprikosen, Feigen)
- 160 g Haferflocken
- etwas Süßungsmittel

Zubereitung:

1. Trockenobst mit heißem Wasser übergießen und ca. 5 Minuten ziehen lassen, herausnehmen und sehr klein schneiden
2. Bananen pürieren und mit Trockenobst und Haferflocken vermengen, dann süßen
3. Bei 175 °C Ober-/Unterhitze ca. 15 Minuten auf einem Backblech, mit Backpapier ausgelegt, ausbacken
4. Am besten über Nacht stehen lassen und am nächsten Tag genießen

Himbeer-Quark-Auflauf

Zutaten:

- 200 g TK-Himbeeren
- 2 Eiklar
- 200 g Magerquark
- 1 Päckchen Vanillepudding
- 100 ml Milch
- 100 g gehackte Mandeln
- etwas Süßungsmittel

Zubereitung:

1. Eiklar steif schlagen
2. Magerquark, Pudding, Milch und etwas Süßungsmittel miteinander vermengen und unter das Eiklar heben
3. Masse in eine Auflaufform geben, mit Himbeeren belegen und mit Mandeln bestreuen
4. Im Backofen bei 200 °C Ober-/Unterhitze ca. 15 Minuten ausbacken

Kokosmakronen

Zutaten:

- 2 Eiklar
- 15 Tropfen Vanille-Aromatropfen
- 40 g Kokosraspel

Zubereitung:

1. Eiklar mit Aromatropfen steif schlagen
2. Kokosraspel vorsichtig unterheben
3. Mit zwei Teelöffeln Teighäufchen auf Backpapier setzen und ca. 10 bis 15 Minuten bei 150 °C Umluft backen

Skyr-Ananas-Dessert

Viel Protein, wenig Fett

Zutaten:

- 150–200 g Skyr
- ¼ Ananasfruchtfleisch
- etwas Zimt

Zubereitung:

1. Ananas in kleine Stücke schneiden, mit Skyr vermengen und mit Zimt bestreuen

Himbeer-Chia-Marmelade

Zutaten:

- 250 g TK-Himbeeren
- 25 g Chiasamen
- 110 ml Kokosmilch
- etwas Süßungsmittel nach Wahl

Zubereitung:

1. Die Himbeeren pürieren, Chiasamen zugeben
2. Die Kokosmilch mit Süßungsmittel nach Wahl langsam in einem Topf erhitzen
3. Himbeerpüree dazugeben, umrühren und in Schälchen verteilen
4. Mind. 2 Stunden im Kühlschrank stehen lassen und dann z. B. auf Vollkornbrot oder Reiswaffeln genießen

Im Kühlschrank ca. 1 Woche haltbar

Himbeer-Muffins

Zutaten:

- 3 Eier
- 100 g Butter
- 240 g Dinkelmehl
- 1 Päckchen Backpulver
- 120 ml Milch
- 150 g Himbeeren (frisch oder TK)
- etwas Süßungsmittel

Zubereitung:

1. Eier, Butter und etwas Süßungsmittel mit Handrührgerät schaumig schlagen
2. Mehl, Backpulver und Milch dazugeben und vermengen, bis eine gleichmäßige Teigmasse entsteht
3. Teig in Muffinförmchen verteilen
4. Himbeeren dazugeben und im Backofen bei 200 °C Ober-/Unterhitze ca. 20 Minuten backen

Milchschnitte

Zutaten:

Für den Teig:

- 2 Eier
- 120 g Dinkelmehl (oder Whey)
- 1 TL Backpulver
- 2 EL Backkakao
- 100 ml Milch
- etwas Süßungsmittel

Für die Füllung:

- 300 g Magerquark
- 30 g Whey (Vanillegeschmack)
- 15 g Gelatine fix
- etwas Süßungsmittel

Zubereitung:

1. Teig zubereiten: alle Zutaten miteinander vermischen und mit einem Handrührgerät mixen, bis eine gleichmäßige Masse entsteht
2. Teigmasse ganz dünn auf einem Backblech, ausgelegt mit Backpapier verteilen und im Backofen bei 160 °C Ober-/Unterhitze ca. 15 Minuten ausbacken
3. Währenddessen die Füllung zubereiten: alle Zutaten vermengen und süßen
4. Wenn der Teig fertig ist, diesen in „Schnitten" schneiden, mit Füllung bestreichen und zuklappen

Bananen-Nuss-Quark

Zutaten:

- 1 Banane
- 200 g Magerquark
- 1 Handvoll Nüsse (z. B. Walnüsse, Mandeln o. ä.)
- etwas Honig zum Süßen

Zubereitung:

1. Alle Zutaten miteinander vermengen, süßen und genießen

Viele essen Bananen, wenn diese noch unreif sind. Erst wenn sie viele kleine dunkle Punkte auf der Schale entwickelt haben, sind sie reif und verzehrfertig.

Knäckebrot mit Banane

Zutaten:

- 2 Knäckebrote
- etwas Magerquark
- 1 Banane

Zubereitung:

1. Knäckebrot mit Magerquark bestreichen
2. Banane in dünne Scheiben schneiden und auf dem Brot verteilen
3. Nach Wunsch mit etwas Süßungsmittel, z. B. Honig, süßen

Papaya-Chia-Quark

Zutaten:

- 200 g Magerquark
- 1 Handvoll Nüsse
- 1 EL Chiasamen
- etwas Papayafruchtfleisch
- etwas Süßungsmittel

Zubereitung:

1. Chiasamen über Nacht in Wasser einweichen
2. Alle Zutaten miteinander vermengen und genießen

Bananen-Cupcakes

Zutaten:

- 1 reife Banane
- 2 Eier
- 1 EL gemahlene Mandeln
- 200 g Magerquark und ein paar Beeren oder anderes Obst für das Topping
- etwas Süßungsmittel

Zubereitung:

1. Alle Zutaten mit einem Handrührgerät vermengen, bis eine gleichmäßige Masse entsteht
2. Teig in Muffinförmchen verteilen und im Backofen bei 180 °C Ober-/Unterhitze ca. 20 Minuten backen
3. Als Topping Magerquark mit dem Obst vermischen und auf den Cupcake verteilen

Proteinriegel

Zutaten:

- 50 g Kokosflocken
- 100 g Haferflocken
- 50 g getrocknete Mango
- 50 g gepuffte Quinoa
- 30 g Whey
  (oder gemahlene Mandeln)
- etwas Wasser

Zubereitung:

1. Alle Zutaten miteinander vermengen. So viel Wasser dazugeben, bis die Masse hält
2. Riegel formen, ca. 2 bis 3 Stunden im Kühlschrank aufbewahren und dann genießen

Apfelküsschen

Zutaten:

- 3 Eier
- 1 EL Dinkelmehl
- 1 TL Backpulver
- 150 g Magerquark
- 1 Apfel
- etwas Süßungsmittel und Zimt

Zubereitung:

1. Eigelb vom Eiklar trennen und das Eiklar sehr steif schlagen
2. Quark mit Eigelb und etwas Süßungsmittel vermengen und glatt rühren
3. Mehl und Backpulver in die Eigelbmasse geben und nochmal vermengen
4. Eiklarmasse ganz vorsichtig und langsam unter die Eigelbmasse heben
5. Mit einem Löffel auf einem Backblech, ausgelegt mit Backpapier, mit Backpapier Häufchen verteilen
6. Dünne Apfelscheiben auf die Häufchen legen und mit Zimt bestreuen
7. Im Backofen bei 170 °C Ober-/Unterhitze ca. 30 Minuten backen
8. Abkühlen und genießen

Spinat-Smoothie

Zutaten:

- 1 Banane
- 1 Handvoll frischer Spinat
- 1 TL Kokosöl
- 30 g Whey
- 200 ml Milch

Zubereitung:

1. Alle Zutaten in einen Mixer geben und pürieren, bis eine gleichmäßige Masse entsteht

Frucht-Smoothie

Zutaten:

- 1 Banane
- 5 Erdbeeren
- 100 g Ananas
- nach Bedarf etwas Wasser

Zubereitung:

1. Alle Zutaten in einen Mixer geben, pürieren und nach Bedarf mit etwas Wasser vermengen

Erdnuss-Brownie

Zutaten:

Für den Teig:

- 100 g Magerquark
- 50 g Naturjoghurt
- 15 g Dinkelmehl
- 10 g Backkakao
- 2 Eiklar
- etwas Süßungsmittel

Für das Topping:

- 100 g Magerquark
- 50 g Joghurt
- ein paar Erdnüsse
- Süßungsmittel (z. B. Aromatropfen)

Zubereitung:

1. Alle Teigzutaten miteinander vermengen und in 6 Muffinförmchen verteilen
2. Bei 180 °C Umluft ca. 8 Minuten backen
3. Herausnehmen und in der Mitte „zerdrücken" (sodass Platz zum Füllen entsteht) und weitere 15 Minuten backen
4. Quark mit Joghurt und Süßungsmittel vermengen und damit die abgekühlten Brownies füllen und dann mit Erdnüssen dekorieren

Bananen-Pancakes

Zutaten:

- 1 Banane
- 1 Ei
- 4 EL gemahlene Mandeln

Zubereitung:

1. Alle Zutaten miteinander vermengen (am besten mit einem Mixer), bis eine glatte Masse entsteht; kurz stehen lassen
2. In einer Pfanne mit etwas heißem Öl auf mittlerer Stufe von beiden Seiten goldbraun braten

Tassenkuchen

Zutaten:

Für den Teig:

- 1 Ei
- 1 TL Kakao
- 1 TL Backpulver
- ½ Banane
- 5 EL Haferflocken
- 2 EL Milch
- etwas Süßungsmittel

Für das Topping:

- etwas Magerquark zum Dekorieren
- etwas Milch und Beeren (oder anderes Obst) oder Nüsse

Zubereitung:

1. Banane in eine mikrowellenfeste Tasse legen und in der Mikrowelle ca. 20–30 Sekunden erhitzen
2. Banane mit einer Gabel zerkleinern und Haferflocken dazugeben, vermischen
3. Kakao, Ei, Milch, Backpulver und etwas Süßungsmittel dazugeben und alles miteinander vermengen, bis eine gleichmäßige Masse entsteht
4. Die Tasse wieder für ca. 1,5 Minuten in die Mikrowelle stellen
5. Währenddessen Topping zubereiten: Quark mit etwas Milch und Süßungsmittel vermengen
6. Kuchen aus der Mikrowelle nehmen, abkühlen lassen und mit Topping sowie Beeren, anderem Obst, Nüssen o. Ä. dekorieren und dann genießen

Kokos-Riegel

Zutaten:

- 100 ml Kokosmilch
- 100 g Kokosraspeln
- 30 g Kokosmehl
- 1 Tafel Zartbitterschokolade
- etwas Süßungsmittel

Zubereitung:

1. Alle Zutaten (bis auf die Schokolade) miteinander vermengen und für ca. halbe Stunde in den Kühlschrank stellen
2. Aus der Masse Riegel formen und geschmolzene Zartbitterschokolade darauf verteilen
3. Kokos-Riegel für ca. eine Stunde in den Kühlschrank stellen

Blintchiki

Zutaten:

- 500 ml Milch
- 2 Eier
- 200 g Dinkelmehl
- 1 TL Backpulver
- 1 Prise Salz
- etwas Süßungsmittel

Zubereitung:

1. Alle Zutaten mit einem Handrührgerät vermengen, bis eine gleichmäßige Masse entsteht
2. Teig ca. 15 Minuten stehen lassen
3. In einer Pfanne mit wenig, aber sehr heißem Öl wie Pfannkuchen von beiden Seiten braten

Selbst gemachte Schokocreme

Zutaten:

- 150 ml Milch
- 3 TL Backkakao
- 100 g geschälte Haselnüsse
- 2 EL Whey (Schokolade)

Zubereitung:

1. Haselnüsse auf einem Backblech im Backofen bei ca. 180–200 °C 5–8 Minuten rösten lassen (möglichst bei Grillfunktion), bis die Haselnüsse goldbraun sind
2. Die Nüsse in einen leistungsstarken Mixer geben. Milch, Kakao und Whey dazugeben. Alles pürieren, bis eine gleichmäßige Masse entsteht
3. Die Creme im Kühlschrank aufbewahren

Low-Carb-Cupcakes

Zutaten:

Für den Teig

- 200 g Magerquark
- ½ Päckchen Backpulver
- ½ Päckchen Vanillepudding (Pulver)
- 100 g gemahlene Mandeln
- 1 ganzes Ei
- 2 Eiklar
- nach Wunsch 30 g Whey (Schokolade)
- etwas Süßungsmittel

Für das Topping:

- 300 g Magerquark
- 2 Eiklar
- 4–5 Erdbeeren (auch TK) oder andere Früchte

Zubereitung:

1. Teig zubereiten: alle Zutaten mit einem Handrührgerät miteinander vermengen, bis eine gleichmäßige Masse entsteht
2. Teig in Muffinförmchen verteilen (ca. 12 Muffins) und im Backofen bei 200 °C Ober-/Unterhitze ca. 15–20 Minuten ausbacken
3. Topping zubereiten: Magerquark mit Beeren pürieren, nach Wunsch etwas süßen
4. Eiklar sehr steif schlagen und vorsichtig unterheben
5. Abgekühlte Muffins mithilfe eines Spritzbeutels mit Topping dekorieren und genießen

Low-Carb-Zebra-Käsekuchen

Zutaten:

- 5 Eier
- 1 kg Magerquark
- 1 Päckchen Vanillepudding
- ½ Päckchen Backpulver
- Zitronensaft aus ½ Zitrone
- 30 g Whey (Vanille)
- 200 Frischkäse (fettarm)
- 2 EL Backkakao
- etwas Süßungsmittel

Zubereitung:

1. Alle Zutaten bis auf den Backkakao vermengen, bis eine gleichmäßige Masse entsteht
2. Teigmenge halbieren und unter eine Hälfte den Kakao rühren
3. Zunächst 1 Esslöffel hellen Teig in die Mitte der Springform geben; auf diese Weise hellen und dunklen Teig immer abwechselnd direkt übereinander einfüllen
4. Im Backofen bei 160–180 °C (Heißluft) ca. eine Stunde ausbacken

Low-Carb-Käsekuchen

Zutaten:

- 500 g Magerquark
- 5 EL Naturjoghurt
- 1 Handvoll eingeweichte Rosinen
- 2 Eier
- 1 Vanilleschote
- 2 EL Hartweizengrieß
- 1 Prise Salz
- etwas Süßungsmittel

Zubereitung:

1. Grieß mit Joghurt vermengen und 20 Minuten stehen lassen
2. Grießmasse mit den restlichen Zutaten vermengen und mit einem Handrührgerät rühren
3. Teig in eine eingefettete Auflaufform geben und für 30 Minuten bei 200 °C Ober-/Unterhitze ausbacken (bis die Masse leicht gold ist)

Eis-Erdbeeren

Zutaten:

- Erdbeeren (auch TK)
- Magerquark bzw. Naturjoghurt
- etwas Süßungsmittel

Zubereitung:

1. Erdbeeren waschen, trocknen und in den gesüßten Quark eintauchen
2. Erdbeeren auf einem mit Alufolie bedecktem Teller verteilen und im Gefrierfach ca. 2 Stunden einfrieren

Schoko-Pancakes

Zutaten:

Für den Teig

- 200 ml Kefir
- 150 g Dinkelmehl
- 1 Ei
- 1 TL Backpulver
- 1 EL Backkakao
- Schuss Zitronensaft
- etwas Süßungsmittel

Für den Dipp:

- Magerquark
- ein paar TK-Beeren

Zubereitung:

1. Alle Zutaten miteinander vermengen
2. In einer Pfanne mit etwas heißem Öl von beiden Seiten braten
3. Dipp zubereiten und zu den Pancakes servieren: TK-Beeren mit Quark vermengen

Avocado-Käsekuchen

Zutaten:

Für den Boden:

- 100 g Paranüsse (oder Pekannüsse)
- 150 g entsteinte Datteln
- 35 g geschmolzenes Kokosöl
- 30 g Backkakao
- 25 g Kokosraspel

Für das Topping:

- Avocadofruchtfleisch von 5–6 Avocados (ca. 600 g)
- 125 ml Zitronensaft
- geschmolzenes Kokosöl
- etwas Süßungsmittel

Zubereitung:

1. Boden zubereiten: Nüsse, Datteln, Kakao, Kokosnussöl und Kokosraspel in eine leistungsstarke Küchenmaschine geben, zermahlen und zu einem glatten Teig vermengen
2. Die Teigmasse in eine mit Backpapier ausgelegte Springform geben (ca. 20 cm) und mit einem Löffel gut eindrücken, dann in den Kühlschrank stellen
3. Topping zubereiten: Avocadofruchtfleisch, Zitronensaft, Kokosöl und etwas Süßungsmittel zu einer cremigen Masse pürieren
4. Topping auf dem Boden verteilen und glatt verstreichen
5. Kuchen über Nacht in den Kühlschrank stellen und genießen

Schokoladen-Bananen-Muffins

Zutaten:

- 150 g entsteinte Datteln
- 200 g gemahlene Haselnüsse (oder Mandeln)
- 3 Eier
- 50 ml Wasser
- 1 Banane
- 50 ml Milch
- 45 g Backkakao
- 2 TL Backpulver
- 1 Prise Salz

Zubereitung:

1. Datteln im heißen Wasser 20 Minuten einweichen lassen
2. Datteln, Banane, Wasser, Eier, Nüsse, Milch und Kakao in einem Küchengerät pürieren, bis eine gleichmäßige Masse entsteht
3. In Muffinförmchen verteilen und bei 200 °C Ober-/Unterhitze ca. 20 Minuten ausbacken
4. Nach Wunsch dekorieren (z. B. mit dem Topping der Cupcakes)

Bananen-Heidelbeer-Muffins

Zutaten:

- 2 Bananen
- 3 EL Rapsöl
- 125 ml Milch
- 3 Eier
- 150 g gemahlene Mandeln
- 30 g Haferflocken
- 120 g Dinkelmehl
- 1 EL Stärkemehl
- 2 TL Backpulver
- 1 Prise Salz
- 1 Vanilleschote
- 2 Handvoll Heidelbeeren

Zubereitung:

1. Bananen mit einer Gabel zerdrücken, Milch, Öl und Eier zugeben und umrühren
2. In einer anderen Schüssel Mandeln, Dinkelmehl, Haferflocken, Backpulver, Stärkemehl, Vanille und die Prise Salz miteinander vermengen
3. Flüssige und trockene Zutaten miteinander vermengen, bis eine gleichmäßige Masse entsteht, Heidelbeeren vorsichtig unterheben
4. In Muffinförmchen verteilen und bei 200 °C Ober-/Unterhitze 10 Minuten ausbacken. Danach auf 180 °C reduzieren und weitere 10 Minuten ausbacken

Protein-Kokosbällchen

Zutaten:

- 200 ml Kokosmilch
- 60 g Whey (Vanille)
- 100 g Kokosraspeln
- 100 g gemahlene Mandeln
- 2 EL Mandelmus
- ein paar ganze Mandeln für die Füllung
- Kokosraspel zum Wälzen

Zubereitung:

1. Alle Zutaten miteinander vermengen, bis eine gleichmäßige Masse entsteht und für 30 Minuten zugedeckt im Kühlschrank stehen lassen
2. Mit nassen Händen Kügelchen formen, in jede Kugel 1 Mandel stecken und die Kugel wieder verschließen
3. Kügelchen in Kokosraspel wälzen und im Kühlschrank ein paar Stunden stehen lassen

Bananen-Pops

Zutaten:

- 4 Bananen
- ca. 500 g Magerquark
- etwas Süßungsmittel
- Schokodrops

Zubereitung:

1. Bananen schälen, halbieren und in den Magerquark tauchen
2. Bananen vorsichtig auf eine Alufolie legen und mit Schokodrops bestreuen
3. Im Gefrierfach ein paar Stunden (am besten über Nacht) gefrieren lassen

Schoko-Cookies

Zutaten:

- 75 ml Milch
- 60 g geschmolzenes Kokosöl
- 1 Vanilleschote
- 1 EL geschrotete Leinsamen
- 150 g Dinkelmehl
- 40 g gemahlene Mandeln
- 1 Prise Salz
- 1 TL Backpulver
- ½ TL Natron
- etwas Süßungsmittel
- 1 Handvoll Schokodrops

Zubereitung:

1. Milch, Kokosöl, Leinsamen, Vanilleschote und Leinsamen gut miteinander vermengen und für 10 Minuten zur Seite stellen
2. In einer zweiten Schüssel Dinkelmehl, Mandeln, Salz, Backpulver, Natron und etwas Süßungsmittel gut miteinander vermengen
3. Feuchte Zutaten zu den trockenen dazugeben und durchkneten; Schokodrops dazugeben, noch einmal vorsichtig vermengen und für 30 Minuten in den Kühlschrank stellen
4. Aus dem Teig Kügelchen formen und zu Cookies flachdrücken
5. Auf einem Backblech mit Backpapier ca. 20 Minuten bei 180 °C Ober-/Unterhitze backen

Haselnuss-Bällchen

Zutaten:

- 120 g eingeweichte Datteln
- 40 g geriebene Haselnüsse
- 1 EL Mandelmus
- 2 EL Milch
- 60 g Haferflocken
- 2 EL Backkakao
- 1 Prise Salz
- ganze Haselnüsse für die Füllung
- geriebene Haselnüsse zum wälzen

Zubereitung:

1. Haferflocken in einem leistungsstarken Küchengerät zermahlen; danach eigeweichte Datteln, geriebene Haselnüsse, Kakao, Milch, Prise Salz und Mandelmus dazugeben und zerkleinern
2. Aus der Masse mit feuchten Händen Kügelchen formen und in geriebenen Haselnüssen wälzen
3. In jede Kugel eine Haselnuss reinstecken
4. Für ca. 2 Stunden ins Gefrierfach stellen und danach genießen

51

64

65

70

Herausgeber & Texte: The Fit Mom UG, Waldstr. 29, 64668 Rimbach
Gestaltung: Warwara Jones-Engel / warjajones.de & lamera.net
Bildrecht Cover: © Teri Virbickis - shutterstock.com
Bildrechte: S.4, S.7, S.10-11, S.12-13, S.18, S.21, S.23, S. 30-31, S. 32-33, S. 34, S. 38,
S. 40, S. 44 © Qeaql - creativemarket.com /
S. 9, S. 22, S. 37, S. 48 © Design Panoply - creativemarket /
S. 35 © Maria Medvedeva - shutterstock.com /
S. 36 © Gorgev - shutterstock.com